AF246037

LETTRE

De M. DE LA BEAUMELLE à Messieurs PHILIBERT & CHIROL, Libraires à Genève.

MESSIEURS,

UN bruit assez étrange est venu jusqu'à moi,
Et je l'aurois jugé trop peu digne de foi,

si je pouvois récuser le témoignage de l'homme respectable de qui je le tiens. Il est fort instruit de tout ce qui se passe & se dit à Génève; il m'a assûré qu'on y attribuoit généralement au plus lâche motif le silence que je garde depuis si long-temps sur plusieurs écrits attribués, soit avec raison, soit injustement, à M. *de Voltaire*, & dans lesquels je suis cruellement outragé. On se souvient qu'en 1753 je ré-

A

futai avec affez de force le *Supplément au Siécle de Louis XIV*, où j'é-rois moins maltraité que dans vingt libelles qui ont paru depuis. Comment, dit-on , quelqu'un dont le premier combat fut une victoire, voit-il ftoï-quement tant d'actes d'hoftilité ? Comment eft-il devenu fi patient, après s'être montré fi fenfible ? Je ne fuis point furpris de ces réfléxions ; on ignore les raifons qui m'ont déterminé au filence. Mais ce qui m'étonne, c'eft qu'on ait cru parmi vous que ce filence avoit été acheté par M. *de Voltaire*. Si l'on croit cela dans une ville où mes différens avec lui ne m'ont ôté aucun ami & peut - être m'en ont donné, que croira t on ailleurs ? Votre compatriote m'avoue avec franchife qu'il a lui-même été dans cette perfuafion. Il prétend qu'auprès de ceux qui ne me connoif-fent pas perfonnellement , la vraifem-blance d'une forte penfion que M. *de Voltaire* me fait compter avec exactitu-de , explique naturellement cette efpèce d'infenfibilité que les gens de bien & d'honneur me reprochent depuis fi long-temps.

Me voilà donc le penfionnaire de

mon ennemi en vertu d'un traité fait entre nous. D'une part je lui permets, moyennant une somme, de me déchirer à belles dents ; de l'autre, il accepte la promesse que je lui fais de ne pas me défendre. Comment une idée aussi folle a-t-elle pu entrer dans des têtes bien organisées? Un tel soupçon suffiroit pour me remettre les armes à la main si je les avois jamais posées ; il ne m'est plus permis de penser que tant de calomnies sont réfutées par leur atrocité, dès que je vois qu'elles ont laissé dans de bons esprits de si fâcheuses impressions. Mon premier devoir est de les effacer.

Dans cette vue je m'adresse à vous, Messieurs , qui sçavez depuis long-temps que je n'ai point renoncé à faire rougir M. *de Voltaire* ou l'Ecrivain qui a pris son nom, de s'être si souvent oublié vis-à-vis de moi. Tous les traits que l'un ou l'autre m'ont lancés sont tombés sur une ame sensible ; & cette ame sensible repoussera bientôt sans aigreur , mais avec fermeté , tous les outrages contenus dans la Préface de l'*Histoire de Pierre le Grand* , dans celle des *Souvenirs de Madame de Cay-*

lus, dans des *Lettres à M. J. J. Rouſſeau* , à l'*Académie Françoiſe & au Sé-
nateur Albergoti* , dans les *Honnêtetés
Littéraires* , dans le Mémoire intitulé,
*Mémoire préſenté au Miniſtère par M.
de Voltaire* , *contre la Beaumelle* , dans
celui qui a pour titre : *Mémoire pour
être mis à la tête de la nouvelle édition
du Siécle de Louis XIV* , dans les *Notes du Siécle de Louis XV* , dans une
Lettre à Lacombe , dont l'auteur de
l'*Avant - Coureur* a ſali ſes Feuilles,
dans une autre *Lettre* de quatre pages
qui en 1766 me fut adreſſée par la
poſte avec d'autres libelles, ainſi qu'au
Juge & au Curé de Mazères où j'habi-
tois , & aux Conſuls & à l'Archiprê-
tre du Carla , dont je venois d'acheter
la Seigneurie. Le Public m'a ſans doute
fait raiſon des groſſiéretés ; mais je me
dois à moi - même de me faire raiſon
des calomnies.

On a attaqué en moi l'homme de
Lettres ; qu'on l'attaque encore, je ne
le défendrai pas. Le Public m'a jugé ſans
conſulter mon ennemi. Qu'on me diſe
que je ſuis un très - mauvais écrivain,
c'eſt un très-petit mal ; & l'unique ré-
ponſe que je dois à celui qui me le

dit outrageusement, c'est de faire im-
primer en gros caractères ses outrages.
Mais les gens de Lettres n'existent pas
seulement dans la société comme auteurs ; ils y existent comme citoyens,
& chacun d'eux y existe avec plus ou
moins d'agrément , suivant l'opinion
que ses concitoyens ont de ses mœurs. Ils
doivent être aussi jaloux de leur réputation que tous les autres sujets. Ose-
roit-on blâmer celui qui, se voyant
diffamé , mépriseroit les injures, &
se purgeroit des imputations ?

On m'a dit cent fois, & vous-mêmes,
Messieurs, m'avez répété : quel tort
peuvent faire à votre honneur les satyres d'un anonyme ? Il allègue des
faits ; mais ses allégations sont absolu-
ment dénuées de preuves. Je n'aurois
rien à répondre si ces satyres n'étoient
lues que par des sages je serois bien
sûr qu'ils renverroient avec indigna-
tion dans la classe des mensonges im-
primés tout ce qui ne seroit pas prouvé.
Mais ces libelles ont bien d'autres lec-
teurs ; les uns admettent tout par ma-
lignité de cœur ; les autres croient tout
par foiblesse d'esprit. Il en est qui sont
si vivement frappés , qu'ils ne peuvent

se défendre d'une demi-persuasion ; les plus équitables sont ceux qui restent indécis ; quand la calomnie est présentée adroitement, avec tout l'appareil, toutes les couleurs de la vérité, le diffamé est trop heureux s'il se trouve quelques personnes judicieuses qui ne le croient pas tout-à-fait aussi noir qu'on le représente. A peine le mensonge élève-t-il sa voix, que mille échos répètent au moins ses dernières paroles : l'echo n'est rien, & c'est ce rien qui assassine.

Aussi les loix de tous les peuples ont-elles ouvert aux citoyens calomniés la voie de l'action criminelle contre le calomniateur. Les Romains, que *Tite-Live* appelle le peuple le plus doux dans les châtimens, outrèrent la sévérité contre les auteurs des libelles diffamatoires; ils croyoient sans doute qu'une diffamation, la plus dénuée de preuves, pouvoit quelquefois flétrir autant le citoyen que la condamnation la plus légale. Nous sommes moins délicats ; cependant tous nos Tribunaux vengent tout offensé qui leur présente l'offenseur. Je dois donc être assûré que les cœurs honnêtes approuveront ma juste

défense & cette sensibilité à laquelle
la loi même se fait gloire de compatir. Que d'autres opposent à la calomnie un cœur armé d'un triple airain.
Pour moi j'ai une famille, & quand je
n'en aurois point, n'aurois-je pas ma
personne ? & si je ne tenois à rien dans
le monde, ne tiendrois-je pas toujours
à mon honneur ?

Mais comment accorder cette défense
avec cette morale sublime qui nous
fait une loi du pardon des injures ?
Cette objection des Chrétiens parfaits
est aussi celle des esprits extrêmement
généreux. On pourroit prier les uns &
les autres d'observer qu'une défense
des mœurs n'est point incompatible
avec le pardon de celui qui les attaque. Pour moi, soit incapacité de haïr
long-temps, soit générosité, soit compassion pour la foiblesse humaine, je
pardonne à M. *de Voltaire*, ou à celui
qui a pris son nom ; je loue, ce me
semble, aussi volontiers ce qu'il a
fait de bon, que j'applaudis à ce qu'il
a écrit de beau. Je ne dirai point
que je lui ferois du bien, si je le pouvois ; la haine la plus vive exerceroit
avec volupté une si cruelle vengeance.

A iv

Mais j’ofe préfumer affez de moi pour croire que, fi je pouvois altérer le bonheur dont il jouit, je m’en abftiendrois fans effort, & que, fi fa vie m’offroit une fuite de faits propres à le décrier auprès des races futures, ma plume ne fe prêteroit point au droit de repréfailles. Ce n’eft point à lui que je penfe; je ne veux ni lui nuire, ni l’affliger, ni l’attaquer ; je ne veux que me défendre. Si l’anonyme qui m’infulte eft jeune, je puis compter fur fon repentir ; s’il eft vieux, je dois regarder fon déchaînement comme le radotage d’un cœur ulcéré. S’il eft fur le bord du tombeau, il ne peut exciter que ma pitié. Ce qui m’occupe, ce font mes amis, ma famille, tant d’hommes qu’il a trompés fur mon compte & qu’il m’importe de défabufer.

Il m’a fallu du temps pour préparer ma défenfe ; il a fallu écrire en Danemarck, à Genève, à Berlin, à Paris, préfenter des requêtes aux Magiftrats, faire légalifer des fignatures, obtenir des informations. Enfin, j’ai raffemblé les preuves les plus propres à démentir chacun des faits articulés contre moi. Ces preuves font dans la forme la plus authentique ; j'en donnerai l'extrait après en avoir déposé les originaux à la bibliothèque du Roi ; &, sans invectives, même sans réfléxions , je défendrai mon honneur devant le Public par une simple *production* de pièces, comme je le ferois devant un Tribunal auquel je demanderois un arrêt de déclaration d'innocence.

Voilà les motifs , Messieurs , qui ont retardé ma défense ; vos Gênevois ne pouvoient les deviner. Mais il y avoit tant d'autres raisons qui suffisoient pour me justifier! Un marché par lequel je connivois à mon propre deshonneur , étoit la dernière conjecture qui se présentoit. Ce qu'il y a de singulier , c'est que , tandis qu'à Genève on me soupçonnoit d'avoir vendu mon silence à mon ennemi , mon ennemi m'accusoit auprès de l'autorité suprême de lui avoir écrit dans l'espace d'une année quatre-vingt-quinze lettres anonymes. Il parvint même à persuader ce qu'il ne croyoit pas ; car pouvoit - il croire qu'un homme qui l'avoit *bombardé* publiquement en 1753 *avec des comminges* , pour me servir de l'expression de M. *d'Argenson* alors Ministre de la guerre & de Paris , allât s'amuser

quinze ans après à le piquer secrette-
ment à coups d'épingles. D'ailleurs, les
invectives qu'il a publiées, ou permis
de publier sous son nom contre moi,
ne m'avoient - elles pas donné le
droit de lui parler face à face? Mes
détracteurs & lui verront incessamment
combien ils s'étoient écartés du vrai.
Mais à quoi servira cette justification?
Elle sera lue par quelques-uns de mes
contemporains, & tombera bientôt
dans l'oubli, au lieu que la diffamation parviendra sûrement aux siè-
cles avenir, puisqu'elle est consignée
dans le recueil des Œuvres de M. *de
Voltaire*, soit qu'elle parte de sa plume, soit qu'il ait eu seulement la foiblesse de l'adopter, soit que ses Li-
braires l'aient glissée sans son aveu
dans cette unique édition qu'il avoue.
Il arrivera donc que je me serai bien
justifié, & que je resterai pourtant flé-
tri. Mon siécle m'aura plaint, & la postérité me méconnoîtra. Cette postérité
sans cesse renouvellée me retrouvera
dans tous les volumes de cette immense
collection dont elle fera ses délices. Car
puis-je me dissimuler que les ouvrages
de M. *de Voltaire* sont d'un genre à être
long-temps l'unique lecture des fem-

mes, des gens du monde, & même des gens de goût ? Il a traité tant de sujets ; il y a répandu tant d'agrément ; il est si séduisant par les charmes de son style ; il est si commode à lire & si facile à retenir ! Il est quelquefois si plaisant dans ses libelles mêmes, dont chaque phrase est un poignard renfermé dans un éclair ! En vérité, il est bien fâcheux de prévoir qu'on sera diffamé à jamais dans un Recueil qui, selon les apparences, sera sans cesse réimprimé & qui tiendra lieu de bibliothèque à tant d'honnêtes gens. J'avoue que la perspective d'une ignominie future, ineffaçable, éternelle, répand l'amertume jusque sur la joie que me donne ma justification prochaine.

Après bien des réflexions, je n'ai trouvé qu'un seul remède. Mais aussi ce remède est infaillible, & doit fermer pour jamais toutes mes blessures. C'est l'exécution d'un projet que j'annonçai en 1752, dans une *Lettre* imprimée * ; projet que je n'ai jamais perdu de vue. Depuis cette Lettre, j'ai toujours lu les Œuvres de Monsieur *de Voltaire*, la plume à la main ; j'ai enregistré exactement à la marge de mon

* Adressée à Madame *Denys*.

exemplaire tout ce qui s'eſt préſenté dans mes études de relatif à cet objet. Lorſque M. *de Voltaire* ou ſon eſpèce de Pſeudonyme, recommença en 1766 les hoſtilités, je repris ce projet avec une nouvelle ardeur, & vous vous rapellerez, Meſſieurs, que vous en fûtes les confidens. Il me parut tout ſimple de donner une édition des Œuvres de M. *de Voltaire* avec des notes courtes & utiles dans le goût de l'édition qu'il m'avoit fait l'honneur de donner chez vous des *Mémoires de Madame de Maintenon*. Je me diſois qu'en rendant un ſervice aux Lettres, je m'en rendois un à moi-même, & que j'aurois l'occaſion toute naturelle d'attacher ma juſtification à chaque calomnie. Je m'engageai dans ce travail avec toute l'application que ma ſanté pouvoit me permettre. Cette entrepriſe me parut moins conſidérable à meſure que j'avançois ; mais, quand elle auroit été plus vaſte & plus pénible, j'étois puiſſamment encouragé par la certitude de faire paſſer l'antidote avec le poiſon à la poſtérité la plus reculée. J'oſai me flatter que le Public recueilleroit avec plaiſir le fruit d'une juſte ſenſibilité. Il s'amuſe des méchans ; mais il s'intéreſſe à ceux qui mettent un haut prix à son estime. Juge des réputations, il sçait que très-peu d'hommes peuvent en acquérir une brillante, mais que tout citoyen doit aspirer à n'en pas laisser une mauvaise.

Cette édition paroitra dès qu'il se présentera un Libraire qui veuille copier l'édition *in-8°* des frères *Cramer*. Je lui remettrai mon manuscrit, à condition qu'il imprimera mon Commentaire au bas du texte ; qu'il fera une édition belle & correcte ; qu'il la donnera, malgré les augmentations, au même prix que celle des *Cramer*, & qu'il publiera séparément le Commentaire, en faveur des personnes qui ayant déja ce Recueil ne voudront pas l'acheter une seconde fois. Qu'il me tarde que cette entreprise soit exécutée ! Ce n'est qu'à ce prix que je puis être tranquille. La mort, que mes infirmités me font envisager d'assez près, n'aura plus rien d'accablant pour moi ; je me dirai : tu reçus de tes pères un nom sans tache ; tu le rends à tes enfans tel que tu le reçus.

Les gens de Lettres doivent, ce me semble, s'intéresser à mon projet. Ils liront avec plaisir l'apologie de tant de confrères que M. *de Voltaire* ou l'auteur qui a pris son masque, a satyrisés, avilis,

diffamés. Nos Illuſtres mêmes ver‑
ront avec joie tant de grands noms dé‑
fendus contre un écrivain audacieux qui
voudroit ébranler les réputations les
mieux affermies ; car chacun d'eux doit
ſe dire : Avec quel mépris cet homme
qui nous ménage en public doit‑il par‑
ler de nous dans le particulier, puiſ‑
qu'il traite *Paſcal* de rêveur, *Boſſuet* de
déclamateur, *Fénélon* d'ecrivain foi‑
ble & languiſſant, *la Fontaine* d'en‑
nuyeux conteur, *Clarcke* de métaphyſi‑
cien abſurde, *Rouſſeau* de verſifica‑
teur, *Maupertuis* d'écolier, *Crébillon*
d'énergumène, *Monteſquieu* de gogue‑
nard ?

En conféquence du projet dont je
viens de vous rappeller le ſouvenir, je
ferai paroître inceſſamment ma Criti‑
que de *La Henriade* *. J'ai commencé
par ce Poëme, qui paroît le premier
dans la collection des Œuvres de M.
de Voltaire, , & ſur lequel il fonde
principalement ſes droits à l'immor‑
talité. Ma critique eſt ſi honnête, ſi
modérée, & j'oſe le dire, ſi équitable,
que, ſi elle déplaît à M. *de Voltaire*, il

* Cette Critique eſt toute prête; elle forme‑
ra un volume grand *in*‑ 12 d'environ 360
pages.

n'osera le témoigner. En écrivant j'ai totalement oublié l'auteur, & je ne me suis occupé que de l'ouvrage.

Je prévois que M. *de Voltaire* ne me tiendra nul compte de mes égards pour son mérite & pour sa réputation; il regardera ma Critique comme un attentat; il poussera les hauts cris; mais apparemment on le laissera crier. Dans le fond, je lui fais pendant sa vie le même honneur qu'il a fait au grand *Corneille* près d'un siècle après sa mort. Je le traite comme un de ces modèles rares dont les fautes peuvent être prises pour des beautés. Je l'élève, en quelque sorte, à la dignité d'auteur classique. Tous les éloges sont épuisés pour lui. On le cite comme un oracle; on le proclame le Coryphée des Philosophes; on n'obtient que de lui des diplomes de bel-esprit; on veut lui ériger une statue: honneur qu'on n'a pas encore rendu à *Corneille*, à *Molière*, à *Racine*, &c: la Critique seule peut déformais augmenter la gloire d'un si grand homme, en l'engageant à corriger, suivant sa coûtume, dans une nouvelle édition, tant de fautes qui lui sont échappées, & qu'il ne pourra plus déformais se dissimuler. Ses amis, ses enthousiastes, &

lui-même', m'auront obligation de la perfection qu'il donnera, dans l'espace de quelques matinées, à ce qu'ils appellent son chef d'œuvre.

Il seroit sans doute beaucoup plus beau de faire une meilleure *Henriade*, une *Henriade* où il y eût du merveilleux, de l'intérêt, de l'éloquence & des mœurs; c'est même une idée qui me tourmente depuis long temps. Mais il faudroit plus de talent & sur-tout plus de santé que je n'en ai. Je me borne donc pour le présent à quelques remarques; cette Critique appartient de droit à Mrs de l'Académie Françoise, puisque j'y ai pris pour modèle celle qu'ils firent du *Cid*. Je ne doute pas que cette Compagnie n'agrée mon hommage, puisqu'il ne seroit pas possible d'imaginer une raison qui pût le lui faire refuser.

Pardon, Messieurs, de tous ces détails. J'ai cru devoir y entrer, pour mettre votre amitié à portée de détruire les bruits désavantageux qu'on répand sur mon compte.

J'ai l'honneur d'être, &c.

De la Beaumelle.